CATALOGUE

DE BONS LIVRES

ANCIENS ET MODERNES

Dont la vente se fera

Le Vendredi 21 février et jours suivants,

à SEPT HEURES de relevée,

RUE DES BONS-ENFANTS, 28,

Par le ministère de Me **SOYER**, commissaire-priseur,
rue du Dauphin. 10.

PARIS

J. F. DELION, LIBRAIRE, SUCCESSEUR DE R. MERLIN,

QUAI DES AUGUSTINS, 47,

1862

ORDRE DES VACATIONS

1re Vacation : Vendredi 21 février 1862.

n°s 1 à 157

2e Vacation : Samedi 22.

n°s 158 à 305

3e Vacation : Lundi 24.

n°s 306 à 446

4e Vacation : Mardi 25

Environ 3,000 volumes de bons ouvrages de divers genres qui seront vendus par lots.

CONDITIONS DE LA VENTE.

Il y aura chaque jour de vente exposition de 1 à 3 heures.

Les livres vendus devront être collationnés sur place dans les 24 heures de l'adjudication. Passé ce délai, ou une fois sortis de la salle de vente, ils ne seront repris pour aucune cause.

Le libraire chargé de la vente recevra les commissions des personnes qui ne pourraient y assister.

Les adjudicataires payeront en sus des enchères, 5 centimes par franc, *applicables aux frais.*

CATALOGUE

DE BONS LIVRES

ANCIENS.

THÉOLOGIE. — HISTOIRE ECCLÉSIASTIQUE, ETC.

1. La Sainte Bible, en latin et en français, avec des notes, de D. Calmet et de l'abbé de Vence. *Paris*, 1767-73, in-4, 17 vol., v. m.

2. La même, en latin et en français, par le P. de Carrières. *Toulouse*, 1802, in-8, 10 vol., br.

3. La même (trad. par Legros). *Paris, Desoer*, 1819, in-18, 7 vol. br.

4. Bibliothèque choisie des pères de l'Église grecque et latine, publiée par l'abbé Guillon. *Paris, Méquignon-Havard*, 1824-28, in-8, 26 vol., dem. rel.

5. Vie des Saints. *Paris, Blaise*, 1825, in-4, fig., br.

6. Histoire de Saint Thomas-d'Aquin, par l'abbé Bareille. *Paris, Sagnier et Bray*, 1846, in-8, br.

7. Histoire des Variations des églises protestantes, par Bossuet. *Versailles, Lebel*, 1824, in-8, 4 vol. br.

8. Dictionnaire critique des reliques et des images miraculeuses, par Collin de Plancy. *Paris*, 1821, in-8, 3 vol., br.

9. L'Ordre des Francs-Maçons trahi, et le secret des Mopses révélé. *Amst.*, 1763, in-12, fig., bas.—Les Francs-Maçons écrasés. trad. du latin. *Amst.* 1774, in-12, fig., v. m. — Le Tombeau de Jacques Molai, ou Histoire secrète et abrégée des initiés, des templiers, francs-maçons, illuminés, 2ᵉ édit. *Paris*, an v, in-18, fig., br.

10. Statuts de l'Ordre maçonnique en France. *Paris, an de la V∴ L∴* 5806, in-8, cart. — Le Régulateur du maçon. *S. l. n. d.*, in-8, bas.

11. Calendrier maçonnique. Années 1810, 17, 18, 20, 26, 28, 30, 31, 33, 34 et 1850, in-18, 16 vol., rel. v. et cart.

PHILOSOPHIE, MORALE, POLITIQUE

ET ÉCONOMIE POLITIQUE.

12. Le Manuel d'Épictète, trad. par Dacier. *Paris*, 1776, in-12, 2 vol., v. f., fil., tr. dor. — Le même, traduit par Brotier. *Paris*, an II, in-8, bas., fil.

13. Dictionnaire d'Éducation morale, par Capelle. *Paris*, 1824, in-8, 2 vol. dem. rel.

14. Le Spectacle de la vie humaine, ou Leçons de sagesse exprimées avec art en 103 tableaux, accompagnés des principales maximes de la morale en vers français, hollandais, latins et allemands, par J. Le Clerc. *La Haye*, 1755, pet. in-4, bas.

15. Recueil d'Emblèmes divers, par J. Baudoin. *Paris*, 1638, in-8, fig., v,

16. Emblèmes et Devises, par Nic. Verrien. *Paris, Jombert, s. d.*, in-8, fig., v. br.

17. Emblèmes d'Amour. *Amst.*, 1611, in-4 obl., fig., parch.

18. Histoire de la classe ouvrière, par Robert du Var. *Paris, Michel*, 1847, gr. in-8, fig., 3 vol. br.

19. Constitution et organisation des Carbonari, par Saint-Edme. *Paris*, 1821, in-8, fig. color., br.

20. Histoire raisonnée du commerce de Marseille, par Fouque. *Paris, Roret*, 1843, in-8, 2 vol. br.

21. Mémoire sur le danger des inhumations précipitées, par Pineau. *Niort*, 1776, in-8, mar. rouge, fil. tr. dor. (*aux armes*).

HISTOIRE NATURELLE, ETC.

GÉNÉRALITÉS. — ZOOLOGIE.

22. Le Spectacle de la nature, avec l'Histoire du ciel, par Pluche. *Paris*, 1789, in-12, fig., 11 vol. br.

23. Essay des merveilles de nature et de ses plus nobles artifices, par Réné François. *Rouen*, 1622, in-4, fig., v. fil. tr. dor.

24. Dictionnaire des merveilles de la nature, par A. J. S. D. *Paris*, 1802, in-8, 3 vol. dem. rel.

25. Histoire naturelle de Buffon, rédigé par Sonnini. *Paris, Dufart*, an viii-1808, in-8, pap. vél., fig. color., 127 vol. bas.

26. La même, *Paris, Duménil*, 1835, 9 vol. — Œuvres de Lacépède. *Ib.*, 1836, 3 vol. Ensemble 12 vol. in-8, fig., br.

27. Abrégé des transactions philosophiques, trad. de l'angl., par Gibelin. *Paris*, 1790, in-8, 14 vol., bas.

28. Voyages d'un naturaliste, par Descourtilz. *Paris, Dufart*, 1809, in-8, fig. color., 3 vol., cart.

29. Histoire et Description du Muséum royal d'histoire naturelle, par Deleuze. *Paris*, 1823, in-8, fig., 2 vol., dem. v., non rogn.

30. Muséum pittoresque, ou Histoire naturelle des gens du monde, 800 sujets variés, par Houbloup, texte par H. Duval. *Paris, s. d.*, in-fol., br.

31. Album du jardin des plantes de Paris, publ. par Acarie-Baron. *Paris, Angé*, 1838, in-4 obl., fig., cart.

32. Récréations tirées de l'Histoire naturelle, par Wilhelm, trad. de l'allemand. *Paris*, an VII, in-12, fig., 3 vol., dem. v.

33. Microscopic illustrations of living objects, their natural history, etc, by A. Pritchard. *London*, 1838, in-8, fig. color., cart. — A Treatise on the Microscope, by D. Brewster. *Edinburgh*, 1837, in-8, cart.

34. The note-book of a naturalist, by Thompson. *London*, 1845, in-12, cart. — Mémoire instructif sur la manière de rassembler, de préparer, de conserver et d'envoyer les diverses curiosités d'histoire naturelle. *Lyon*, 1758, in-8, fig., dem. rel.

35. Centurie zoologique, ou Choix d'animaux rares, par Lesson. *Paris, Levrault*, 1830, in-8, tiré in-4, pap. vél., fig. (80), cart.

36. Essais sur l'histoire naturelle des quadrupèdes de la province du Paraguay, par Don F. d'Azara, trad. par Moreau-Saint-Méry. *Paris*, 1801, in-8, 2 vol., dem. rel.

37. Histoire des oiseaux, par Martinet. *Paris*, 1790, in-8, fig. color., 8 vol. dem. rel.

38. La Galerie des oiseaux, par Vieillot et Oudart. *Paris, Carpentier-Méricourt*, 1834, in-4, fig., 2 vol., cart.

39. Histoire naturelle des rainettes, des grenouilles et des crapauds, par Daudin. *Paris, Levrault*, an XI, in-4, fig. color., br.

40. P. Latreille. Genera crustaceorum et insectorum. *Parisiis*, 1806, in 8, 3 vol, br.

41. Histoire naturelle des crustacés et des insectes, par Latreille. *Paris*, an XII, in-8, fig., 14 vol., br.

42. Lettres à Julie sur l'Entomologie, par Mulsant. *Lyon*,
   1830, in-8, fig., 2 vol., br.

43. Métamorphoses naturelles, ou Histoire des insectes, par
   Gœdart. *Amst., P. Mortier*, 1700, in-12, fig. color., 3 vol.,
   v. br. (*Armoiries*).

44. Essai sur le vol des insectes, par Chabrier. *Paris*, 1823,
   in-4, fig., br.

45. Faune parisienne. Histoire abrégée des insectes des envi-
   rons de Paris, par Walckenaer. *Paris*, 1802, in-8, fig.,
   2 vol., dem. rel.

46. A natural history of english insects, by Eleazar Albin,
   painter, with notes and observations, by W. Derham.
   London, 1724, in-4, fig. color. (100), v. br., fil.

47. Illustrations of natural history : exotic insects, by D.
   Drury. *London*, 1770, in-4, fig. color., 3 vol., dem. rel.,
   non rogn.

48. Fauna suecica; Insecta, à Gust. Paykull. *Upsaliæ, s. a.*,
   in-8, 3 vol., dem. rel.

49. Traité anatomique de la chenille qui ronge le bois de
   saule, par P. Lyonet. *La Haye*, 1762, in-4, fig., dem, rel.

50. Histoire naturelle des lépidoptères, ou papillons diurnes
   et crépusculaires de France, décrits par Godard, peints
   par Vauthier. *Paris, Crevot*, 1820-23, in-8, fig. color.,
   3 vol., br.

51. Traité d'insectologie, ou Observations sur les pucerons,
   par Ch. Bonnet. *Paris*, 1745, in-12, fig., 2 vol., v. m. —
   Observations sur la structure des yeux de divers insectes
   et sur la trompe des papillons. *Lyon*, 1706, in-8, fig., v.

52. Histoire abrégée des coquillages de mer, de leurs mœurs
   et de leurs amours, par S. L. P. C. (Cubières). *Versailles*,
   an vi, in-4, fig. (21), dem. rel.

53. Histoire des conferves d'eau douce, par Vaucher. *Genève*, 1803, in-4, fig., dem. rel.

BOTANIQUE.

54. Dictionnaire élémentaire de Botanique, par Bulliard.
   Paris, 1797, in-fol., fig. color., cart.

55. Leçons de Flore. Cours complet de botanique, par Poi-
   ret, suivi d'une Iconographie végétale, par Turpin. *Paris*,
   Panckoucke, 1819, in-8, fig. color., 3 vol., cart.

56. Flore de la botanique des dames. *Paris*, *Audot*, 1821,
   in-18, fig. color. (104), cart.

57. Traité élémentaire de botanique et de physiologie végétale, par Thiébaut de Berneaud. *Paris*, 1837, in-8, fig., bas.

58. Nouveaux éléments de botanique. Physiologie végétale,
   par A. Richard, 7e édit. *Paris*, *Béchet*, 1846, in-8, fig., br.

59. La Corbeille de fleurs. *Genève*, *s. d.*, in-8, fig. color.,
   cart. — Calendrier de Flore, ou Études de fleurs d'après
   nature, par Mad. V. D. C*** (Vict. de Chatenay). *Paris*,
   1802, in-8, 3 vol., br.

60. Abécédaire de Flore, ou Langage des fleurs, par B. De-
   lachénaye. *Paris*, *P. Didot aîné*, 1821, in-8, pap. vél., fig.
   color., cart.

61. Nouvel Herbier de l'amateur, par Loiseleur-Deslong-
   champs. *Paris*, *Levrault*, 1830, gr. in-8, fig. color. (52),
   en 9 livr. (compl.).

62. Flora Cochinchinensis. *Ulyssipone*, 1790, in-4, 2 vol.,
   cart.

63. Cryptogamie complète, ou Description des plantes dont
   les étamines sont peu apparentes, par Linné. *Paris*, an vii,
   in-8, bas.

GÉOLOGIE. — MINÉRALOGIE. — PALÉONTOLOGIE, ETC.

64. Principes de Géologie, par Ch. Lyell, trad. de l'angl.
   par Mad. Tullia Meulien. *Paris*, *Langlois* et *Leclerc*, 1843,
   in-12, fig., 4 vol., cart.

65. Recherches sur les volcans éteints du Vivarais et du Ve-
lay, par Faujas de Saint-Fond. *Grenoble*, 1778, in-fol.,
fig., cart.

66. Die Versteinerungen des Norddeutschen Oolithen-Ge-
birges, von Fr. Roemer. *Hannover*, 1835, in-fol., fig.
(12), br.

67. Tableau méthodique des espèces minérales, par Lucas.
Paris, 1806-13, in-8, pap. vél., 2 vol., v., f., fil., tr. dor.
(*Armoiries*).

68. Le Mercure indien, ou le Trésor des Indes, dans lequel
il est traité de l'or, de l'argent, etc., par P. de Rosnel.
Paris, 1667, in-4, réglé, mar. noir, fil., tr. dor.

69. Pluto Brasiliensis (Mines d'or et de diamants du Brésil),
von Eschwege. *Berlin*, 1833, in-8, br.

70. Voyages métallurgiques, par Jars. *Lyon*, 1774, in-4, fig.,
3 vol., v. fil.

71. Essai sur la minéralogie des Monts-Pyrénées, par Pallas-
sou. *Paris*, 1784, in-4, fig., dem. rel.

72. Des mines de Freiberg en Saxe et de leur exploitation,
par Daubuisson. *Leipsick*, 1802, in-8, fig. et cartes, 3 vol.,
v., fil.

73. Voyage minéralogique et géologique en Hongrie, par
Beudant. *Paris, Verdière*, 1822, in-4, 4 vol., dont Atlas, br.

74. Minéralogie appliquée aux arts, par Brard. *Paris*, 1821,
in-8, fig., 3 vol., br.

75. Etude des gîtes houillers et métallifères du bocage Ven-
déen, par H. Fournel. *Paris, Imprim. roy.* 1836, in-4 et
Atlas in-fol., br.

76. The History and description of fossil fuel, the collie-
ries and coal trade of Great Britain. *London*, 1841, in-8,
fig., cart.

77. Recherches sur les ossements fossiles des quadrupèdes,
par Cuvier. *Paris, Déterville*, 1812, in-4, fig., 4 vol.,
dem. rel.

78. Catalogue de la collection des fossiles de Mlle. Éléonore de Raab, par de Born. *Vienne*, 1790, in-8, 2 vol., v., f.

SCIENCES MÉDICALES.

79. Planches anatomiques à l'usage des jeunes gens qui se destinent à l'étude de la chirurgie, de la médecine, de la peinture, etc., par Chaussier. *Paris, Panckoucke*, 1823, in-4, fig. (13), br.

80. Elements of anatomy, géneral, special, and comparative. Seventh edition, by David Craigie. *Edinburgh*, 1831, in-4, fig., dem. rel.

81. Physiologie, ou l'art de connaître les hommes sur leur physionomie, par Plane. *Meudon*, 1797. in-8, fig., 2 vol., bas., fil.

82. De la Femme sous ses rapports physiologique, moral et littéraire, par Virey, 2ᵉ édit. *Paris, Crochard*, 1825, in-8, dem. v.

83. Nouvel Essai sur la Mégalanthropogénésie, ou l'Art de faire des enfants d'esprit qui deviennent de grands hommes, par Robert le jeune, 2ᵉ éd. *Paris*, 1803, in-8, 2 vol., dem. rel.

84. L'Art de procréer les sexes à volonté, ou Système complet de génération, par Millot. *Paris*, 1800, in-8, fig., dem. rel.

85. Mémoires pour servir à l'histoire de la barbe de l'homme, par dom Fangé *Liége*, 1774, in-8, br. — Pogonologie, ou Histoire philosophique de la barbe, par S. A. D*** (Dulaure). *Constantinople*, 1786, fig. — La Pogonotomie, ou l'Art d'apprendre à se raser soi-même, par Perret. *Paris*, 1769, in-12, fig., dem. rel., non rogn.

86. La manière de nourrir les enfants à la mamelle, trad. d'un poëme latin de Scevole de Sainte-Marthe, par Mess. Abel de Sainte-Marthe. *Paris*, 1698. in-8, v. br.

87. Hortus sanitatis, translaté de latin en français. *S. l. n. d.*,
in-fol. goth., fig. sur bois, v. br.

88. Erreurs populaires et propos vulgaires touchant la médecine et le régime de santé, par Laur. Joubert. *Bour-
deaux, Millanges*, 1579, pet. in-8, 2 vol., bas.
Les 8 dern. ff. du tome II sont brûlés dans la marge
supérieure.

89. L'Art de prolonger la vie humaine, trad. de l'allemand
de G. Hufeland. *Hambourg*, 1805, in-12, 2 vol., br.

90. Almanach des Centenaires, ou Notice de tous ceux qui
ont vécu cent ans et plus. *Paris, Lottin*, 1762-73, in-32,
12 vol. v.

91. Les Secrets et Merveilles de nature, par J. J. Wecker
de Basle. *Rouen, Manassez*, 1610, in-8, v. m.

92. Nouveaux Secrets pour conserver la beauté des dames
et pour guérir plusieurs sortes de maladies. *La Haye*,
1700, in-12, front, 2 tomes en 1 vol., v.

93. La Médecine usuelle des ménages, suivie de l'Art du
vétérinaire usuel, par Schneider. *Paris, Challamel*, 1846,
in-8, fig., br.

94. Cours complet d'accouchements et de maladies des
femmes et des enfants, par J. Hatin, 2ᵉ édit. *Paris, Crochard*, 1835, in-8, br.

95. Phytographie médicale; Histoire des substances héroïques
et des poisons, par J. Roques. *Paris, Cormon et Blanc*,
1835, in-8, 3 vol. et atlas in-4, fig. color., br.

96. Histoire des drogues, espiceries et de certains médica-
mens simples qui naissent ès Indes, par Garcie du Jardin
et Chr. de La Coste, trad. en français par Anth. Colin.
Lyon, 1602, in-8, fig., v.

97. Traité du castor, dans lequel on explique la nature, les
propriétés et l'usage médico-chymique du castoreum dans
la médecine, par J. Marius, trad. par M. Eidous. *Paris*,
1746, in-12, fig., dem. v. f.

98. Traité des embaumements selon les anciens et les modernes, par L. Penicher. *Paris*, 1699, pet. in-12, v. fil. —
Histoire des embaumements, par Gannal. *Paris*, 1841,
in-8, br.

99. Flore médicale décrite par Chaumeton, peinte par
Mad. E. P*** (Émilie Panckoucke) et Turpin. *Paris*, 1814,
in-8, fig. color., 6 vol., dem. rel.

100. Phytologie pharmaceutique et médicale, ou Végétaux
envisagés sous les rapports anatomique, physiologique,
chimique, etc., par de Smytère. *Paris*, 1829, gr. in-8,
fig. br.

101. Faune des médecins, ou Histoire des animaux et de
leurs produits, par Cloquet. *Paris*, 1822, in-8, fig. color.
6 vol., dem. rel.

MÉTÉOROLOGIE. — ASTRONOMIE

102. Histoire naturelle de l'Air et des Météores, par l'abbé
Richard. *Paris*, 1770, in-12, 10 vol., v. m.

103. Recherches sur les modifications de l'atmosphère, par
de Luc. *Genève*, 1772, in-4, fig., 2 vol., v. m.

104. On the Atmospheric changes which produce rain and
wind, and the fluctuations of the barometer, 2' édit., by
Th. Hopkins. *London*, 1854, in-8, cart.

105. Traitez des baromètres, thermomètres et notiomètres ou
hygromètres, par M. d'Alencé. *Amst., H. Wetstein*, 1688,
in-12, fig., dem.-v.

106. Paraphrase de l'astrolabe, revue et corrigée par J. Bas-
sentin. *Lyon, J. de Tournes*, 1555, in-8, fig., parch.

107. Dictionnaire d'astronomie, par Guynemer. *Paris, F.
Didot*, 1852, in-8, br.

108. La Gnomonique, ou Méthodes universelles pour tracer
des horloges solaires ou cadrans sur toutes sortes de sur-

faces, par De La Hire. *Paris, T. H. Moette*, 1698. pet. in-
12, fig., mar. rouge, fil., tr. dor. (*aux Armes*).

108 *bis*. La Gnomonique pratique, ou l'Art de tracer les ca-
drans solaires avec la plus grande précision, etc., d'après
Ozanam et Dom Bedos de Celles, copié par Ch. René Morin.
Lisieux, 1767, in-4, rel. pl. v.

  Manuscrit d'environ 800 pag.

109. Les Longitudes par la mesure du temps, ou Méthode
pour déterminer les longitudes en mer, par Berthoud. *Paris*,
1775, in-4, br.

APPLICATIONS MATHÉMATIQUES

110. Les Mathématiques et Géométrie, par Cl. Flamand. *A
Montbeliart, J. Foillet*, 1611, in-8, fig., parch.

111. L'Arithmétique universelle expliquée et appliquée. *Paris*,
1697, in-12, 2 vol., mar. rouge, fil., tr. dor.

112. Dictionnaire spécial et classique des monnaies, poids,
mesures, etc., par Girod. *Paris*, 1827, in 8. cart.

113. Métrologie, ou Traité des mesures, poids et monnaies
des anciens peuples et des modernes, par Paucton. *Paris*,
1780, in-4, v. éc., fil.

114. Pratique de la géométrie sur le papier et sur le terrain,
par Séb. Leclerc. *Paris, G. de Luyne*, 1674, in-12, fig.,
v. br.

115. Récréation mathématique composée de plusieurs problèmes plaisants et facétieux. *Paris*, 1626, in-12, fig.,
parch.

116. Récréations mathématiques, composées de plusieurs
problèmes plaisants et facétieux d'arithmétique. *Lyon, J.
B. de Ville*, 1680, in-12, fig., cart.

117. Amusemens arithmétiques et algébriques de la campagne, par Laya. *Genève*, 1779, in-4, dem.-rel.

118. Récréations mathématiques et physiques, par Ozanam. *Paris*, 1778, in-8, fig., 4 vol., d. rel.

INDUSTRIE.

119. Origine des découvertes attribuées aux modernes, par Dutens, 2ᵉ édit. *Paris*, 1776, in-8, 2 vol., v. m.

120. Nouveau Dictionnaire des origines, inventions et découvertes, par Noel et Carpentier. *Paris*, 1827, in-8, 2 vol., bas. fil.

121. Dictionnaire chronologique et raisonné des découvertes, inventions, etc., en France. *Paris*, *L. Colas*, 1822, in-8, 17 vol., br.

122. Dictionnaire de l'Industrie, par D*** (Duchesne). *Paris*, an IX, in-8, 6 vol., bas. fil.

123. Dictionnaire de l'Industrie manufacturière commerciale et agricole, par Baudrimont, Blanqui, Coriolis, etc. *Paris*, *J. B. Baillière*. 1833-41, in-8, fig., 10 vol., bas.

124. La Clef de l'industrie et des sciences qui se rattachent aux Arts industriels, par Armonville. *Paris*, 1825, in-8, 3 vol. dem.-v.

125. Bulletin de la société d'encouragement, an IX à 1843. 30 vol. in-4, rel. et br.

126. Description des machines et procédés spécifiés dans les brevets d'invention. *Paris*, *Huzard*, 1811-30, in-4, fig., tome 1 à 14, 16, 17 et 20.

127. L'Industrie, pub. par Curmer. 9 livrais. in-4, fig. — L'Exposition, Journal de l'industrie et des arts utiles, publ. par le Bouteiller. *Paris*, 1839, gr. in-4, fig., 6 livr.

128. Œuvres de Bernard Palissy, publ. par Faujas de Saint-Fond. *Paris*, 1777, in-4, v. éc. fil.

129. Dictionnaire raisonné universel des arts et métiers, par l'abbé Jaubert. *Paris*, 1773, in-12, 5 vol., v. m.

130. Descriptions des arts et métiers, publ. par Bertrand,

avec l'Art de l'Imprimeur par Bertrand-Quinquet. *Neuchâtel*, 1771-83, in-4, fig., 20 vol., v.

131. Traité de la coupe des pierres, par De La Rue. *Paris*, 1728, in-fol., fig., (73), v. br.

132. La Théorie et la Pratique de la coupe des pierres et des bois, par Frezier. *Strasbourg*, 1737, in-4, fig., 3 vol., v. br.

133. Traité élémentaire de la coupe des pierres, ou Art du Trait, par Simonin. *Paris, Joubert*, 1792, in-4, fig. (49), br.

134 Traité de la coupe des bois, ou Art du trait du menuisier en bâtiment, par Ausseur. *Paris, Firm. Didot*, 1819, in-4, fig., br.

135. Tarifs, d'après le système métrique, pour cuber les bois carrés et ronds, par Noury. *Paris*, 1808, in-4, bas.

136. Tables du produit cubique des bois de charpente, par Le Riche. *Paris*, 1817, in-4, br.

137. Toisé des bâtiments aux us et coutumes de Paris, enseigné dans l'Acad. Roy. d'architecture, par Degodets, 1724, in-4, dem. rel.

    Manuscrit de 315 pages.

138. Les raisons des forces mouvantes, par Salomon de Caus. *Paris*, 1624, in-fol., fig. dem. rel.

    La plupart des planches sont coloriées ou plutôt barbouillées.

139. Dictionnaire de mécanique appliquée aux arts, par Borgnis. *Paris*, 1823, in-4, br.

140. La mécanique appliquée aux arts, aux manufactures, à l'agriculture, etc., par Berthelot. 1782, in-4, fig., 2 tomes en 1 vol., bas.

141. Nouveaux principes d'hydraulique, appliqués à tous les objets d'utilité, et particulièrement aux rivières, par Bernard. *Paris, Didot*, 1787, in-4, fig., v. m.

142. Description des travaux hydrauliques de L. Alex. de

Cessart. *Paris*, 1806, in-4, fig. (67), 2 vol., cart. non rogn.

143. Architecture hydraulique, par Bélidor. *Paris, F. Didot*, 1819. in-4. tom. 4, fig., v.

144. Traité de mécanique industrielle, par Christian. *Paris, Bachelier* 1823, in-4, tom. 2, 3 et atlas, br.

145. Architecture of machinery; an essay on propriety of form and proportion, by Sam. Clegg. *London*, 1842, pet. in-4, fig., cart., tr. dor.

146. Practical examples of modern tools and machines, by Mess. Maclea and March of Leeds. Supplementary to Buchanan on Mill-Work and other machinery, edited by G. Rennie. *S. l.*, 1842. gr. in-fol., pl. (18) cart.

147. Collection de 880 dessins relatifs à l'art de l'ingénieur et lithographiés à l'École des ponts et chaussées. *Paris*, 1821-25. gr. in-fol., 4 vol., dem. rel.

148. Ornements en fonte de fer, par André. *Paris s. d.*, in-fol., fig. (42), br.

149. Essais sur la construction des routes, des ponts suspendus, des barrages. etc., par Cordier. *Lille, Reboux-Leroy, s. d.*, in-fol., fig. (21).

150. La Science pratique de l'imprimerie, par Fertel. *Saint-Omer*, 1723, in-4, v. m.

151. Manuel typographique, par Fournier. *Paris, Barbou*, 1764, in-12, fig., 2 vol., mar. vert, fil. tr. dor. (*rel. anc.*).

152. Le même. *Paris, Barbou*, 1764, in-12, fig. 2 vol., br.

153. La Reliure, poëme didactique en six chants, par Lesné. *Paris*. 1820, in-8, cart.

154. Le même. 2ᵉ édit., *Paris*, 1827, in-8, pap. vél. cart. n. rogn.

Tiré à 125 exemplaires numérotés.

156. Chimie appliquée aux arts, par Chaptal. *Paris*, 1807, in-8, 4 vol., bas.

157. L'Art de composer des pierres factices aussi dures que

le caillou, et Recherches sur la manière de bâtir des anciens,
par Fleuret. *Pont-à-Mousson*, 1807, in-4, et atlas de 32
pl. br.

AGRICULTURE. — HORTICULTURE.

158. Bibliographie agronomique. *Paris*, 1810, in-8, br.

159. De l'Agriculture des anciens, par Adam Dickson, trad.
de l'angl. *Paris, Jansen*, 1802, in-8, fig., 2 vol., dem.-
rel., non rog.

160. Traduction d'anciens ouvrages latins relatifs à l'agriculture et à la médecine-vétérinaire, par Saboureux de la
Bonneterie. *Paris*, 1773, in-8, fig., 4 vol. v. m.

161. Dictionnaire œconomique, par Chomel, avec supplé-
ment. *Paris*, 1740-41, in-fol., 4 vol. v. m.

162. Le même. *Lyon*, 1740-43, in-fol. 4 vol. v. br.

163. Dictionnaire universel d'Agriculture et de Jardinage, de
Chasse et Pêche, etc. *Paris*, 1751, in-4, fig., 2 vol., v. f.,
fil., tr. dor.

164. Le bon Cultivateur, par du Mont de Courset. *Paris*,
1811, in-8, 7 vol. br.

165. Mémoires d'agriculture, d'économie rurale et domes-
tique, publ. par la Société d'agriculture, an IX à 1836,
in-8, 44 vol. dem.-rel.

166. Le bon Cultivateur, recueil agronomique, publ. par la
Société d'agriculture de Nancy. *Nancy*, 1821-48, in-8,
28 tomes en 14 vol., dem.-rel.

167. Annales de l'Institution royale agronomique de Grignon.
Paris, Huzard, 1828-30, in-8, fig. et cartes, 3 vol., v. viol.,
fil., tr. dor. (*Exemplaire du Roi Louis-Philippe*).

168. Annales agronomiques, recueil de Mémoires sur l'agriculture, etc. *Paris, Gide et Baudry*, 1851, gr. in-8, fig.,
2 vol., br.

169. Chimie appliquée à l'agriculture, par Chaptal. *Paris*,

Huzard, 1823, in-8, 2 vol., br. — Elements of agricultural chemistry, by Humphry Davy. *London*, 1836, in-8 fig. cart.

170. Traité sur les champignons comestibles, par Persoon. *Paris*, 1819, in-8, fig. color., br.

171. Monographie des greffes, ou description technique des diverses sortes de greffes employées pour la multiplication des végétaux, par Thouin. *Paris*, 1821, in-4, fig , d.-rel.

172. Traité des arbres et arbustes, par Duhamel du Monceau. *Paris*, 1755, in-4, fig., 2 vol., v. m.

173. Traité des arbres fruitiers, par Duhamel du Monceau. *Paris*, 1768, in-4, fig., 2 vol., v. m.

174. Principes raisonnés et pratiques de la culture des arbres, arbrisseaux et arbustes, etc., par Tatin. 4° édit. *Paris*, 1811, in-8, 2 vol., chagr. dent., tr. dor.

175. Traité des fruits tant indigènes qu'exotiques, ou dictionnaire carpologique, par Couverchel. *Paris, Bouchard-Huzard*, 1839, in-8, dem.-rel.

176. Guide de la culture des bois ou herbier forestier, par Duchesne. *Paris, s. d.*, in-8, et Atlas in-fol., dem.-rel.

177. Traité pratique des arbres résineux conifères à grandes dimensions, par le Marquis de Chambray. *Paris, Pillet aîné*, 1845, gr. in-8, fig., dem.-rel.

178. Traité sur le pastel et l'extraction de son indigo, par Giobert. *Paris*, 1813, in-8, v., fil. — Mémoires sur la garance et sa culture, par Duhamel du Monceau. *Paris*, 1757, in-4, fig. (8). br.

179. Traité de la garance et de sa culture, par Duhamel du Monceau. *Paris*, 1765, fig. — Mémoire sur la garance, par Flachat, 1772. — L'art de la teinture des fils et étoffes de coton, 1776. — Cultures du Pastel de la gaude et de la garance, par Le Pileur d'Apligny, 1776. — Dissertation sur la maladie épidémique des bestiaux, par Blondet. *Paris*, 1749, in-12, v.

180. Traicté du tabac, trad. du latin de J. Neander, par J. V*** (Veyrus). *Lyon*, 1626, in-8, parch. (*Mouillures*).

181. Traité complet de culture, fabrication et vente du tabac. *Paris*, 1791, in-8, fig., v. éc.

182. La Botanique mise à la portée de tout le monde, ou
Collection des plantes d'usage dans la médecine, dans les
aliments et dans les arts, publ. par Regnault. *Paris*, 1774,
gr. in-fol., fig. color., 3 vol. v. éc. fil.

183. Mémoires sur l'agriculture, les instruments aratoires et
d'économie rurale, par de Valcourt. *Paris, Bouchard-Huzard*, 1841, in-8, 2 vol., dont Atlas, dem. rel.

184. Le Bon Mesnager. Prouffitz champestres et ruraulx, est
traicté du labour des champs, vignes, jardins, arbres de
toutes espèces, etc., par P. des Crescens. *Paris, Galliot
du Pré*, 1533, in-fol. goth., fig. sur bois.
Une piqûre traverse le volume dans la marge du bas,
sans atteindre le texte.

185. Le Théâtre d'agriculture et menage des champs, d'Oli-
vier de Serres. *Paris*, 1804, in-4, 2 vol., v. éc., fil.

186. Le Nouveau Théâtre d'agriculture et ménage des
champs, par le sieur Liger. *Paris*, 1723, in-4, fig , v. br.

187. Maison rustique, à l'usage des habitants de Cayenne,
par de Préfontaine, avec un Dictionnaire Galibi. *Paris*,
1763, in-8, fig., v.

188. Le Parfait Économe de la ville et de la campagne, par
Boucher. *Paris*, 1808, in-8, 2 vol., dem. rel.

189. Le Botaniste cultivateur, par du Mont de Courset, 2e éd.
Paris, 1811-14, in-8, 7 vol. dem. v.

190. Le Manuel du Cultivateur dans le vignoble d'Orléans.
Orléans, 1770, in 8, v., fil.

191. Le Cultivateur anglais, ou Œuvres choisies d'agriculture et d'économie rurale et politique, d'Arth. Young, trad.
de l'angl., par Lamarre. *Paris*, 1800, in-8, 18 vol., br.

192. Rural-Sports, by W. Daniel. *London*, 1813, in-8, fig.,
cart.

193. General view of the agriculture of Shropshire, by J.
Plymley. *London*, 1813, in-8, fig. cart.

194. Recherches sur les arrosages chez les peuples anciens, par Jaubert de Passa. *Paris, Bouchard-Huzard*, 1846-47, in-8, 4 vol. br.

195. A Systematic treatise on the theory and practice of draining land, etc., by J. Johnstone. *Edinburgh*, 1834, in-4, fig., cart.

196. Traité général de l'irrigation, par W. Tatham. *Paris*, 1805, in-8, dem. rel. — Réservoirs artificiels, par Cazena. — Dei prati del basso Milanese, da Berra. — Nouvel essai sur les irrigations des prairies, par Leorier. 1823, in-8, fig., dem. v.

197. Instructions et observations sur les maladies des animaux domestiques, par Chabert, Flandrin et Huzard, 4ᵉ éd. *Paris*, 1809, in-8, 6 vol., bas.

198. Art de faire éclore et d'élever en toute saison des oiseaux domestiques de toutes espèces, par de Réaumur. *Paris*, 1751, in-12, fig., 2 vol. v. m.

199. Annales de la Société d'horticulture de Paris. *Paris, Huzard*, 1827-33, in-8, fig., 13 tomes en 11 vol., dem. r.

200. The Theory of horticulture, by J. Lindley. *London*, 1840, in-8, fig. cart.

201. Théâtre de plans et jardinages composé par Claude Mollet. In-fol., fig., v.
Manuscrit d'environ 200 pages, daté de 1595.

202. Théâtre des jardinages, par Cl. Mollet. *Paris, Ch. de Sercy*, 1678, pet. in-12, parch.

203. Instruction pour les jardins fruitiers et potagers, par de la Quintinye. *Paris*, 1690, in-4, fig., 2 vol., v. f., fil., tr. dor.

204. La Théorie et la pratique du jardinage, par Alex. Leblond. *Paris*, 1722, in-4, fig., v. m.

205. La même. *Paris*, 1760, in-4, fig., v. m.

206. Théorie des jardins, ou l'art des jardins de la nature, par Morel. *Paris, Panckoucke*, 1802, in-8, 2 vol., v. fil.

207. Traité complet de l'horticulture pour les grands et les

petits jardins, par Denis et Rouard, *Paris, Challamel*, 1846, in-8, fig., bas.

208. Essai sur l'art des jardins modernes, par Horace Walpole, trad. en français par le duc de Nivernois. *Strawberry-Hill*, 1785, pet. in-4, cart.

    Anglais et français. — Exemplaire de Pixérécourt.

209. Recueil des décorations propres à embellir les jardins anglais et chinois, composé et gravé par le sieur Panseron. *Paris*, 1785, in-4, fig., bas.

210. Détail des nouveaux jardins à la mode (jardins chinois). 103 pl. in-4 obl., dem. rel.

211. Plans de jardins dans le goût anglais et instructions dans l'art de distribuer et planter de petits terrains, par J. L. Mansa. *Copenhague*, 1798, in-fol. obl., pl. color. (24), br.

212. Descriptions pittoresques de jardins, ornées de 28 pl. *Leipzig*, 1805, pet. in-4, br.

213. Plans raisonnés de toutes les espèces de jardins, par Thouin, 2ᵉ édit. *Paris*, 1823, in-fol., fig. (56), cart.

214. Plans of Hot-houses, Green-houses, etc., by Geo. Tod. *London*, 1823, in-4, pl. col. (26), cart.

ÉCONOMIE DOMESTIQUE.

215. Dictionnaire des aliments, (par Briand). *Paris*, 1750, in-12, 3 vol., v. m., fil. — Traité des aliments, par Lémery. *Paris*, 1755, in-12, 2 vol., v. m.

216. Les Soupers de la cour, ou l'art de travailler toutes sortes d'aliments. *Paris*, 1755, in-12, 4 vol., bas. — Les Dons de Comus, ou l'art de la cuisine. *Paris*, 1775, in-12, 3 vol., bas.

217. La cuisine de santé, par Jourdan Lecointe. *Paris*, 1790, in-12, 3 vol., bas. — Le Pâtissier de santé, par le même. *Paris*, 1792, in-12, 2 vol. br.

218. Le Cuisinier anglais universel, ou le *nec plus ultra* de la gourmandise, par Collingwood et J. Woolams. *Paris*, 1810, in-8, fig., 2 vol. br.

219. Dictionnaire de cuisine et d'économie ménagère, par Burnet. *Paris*, 1836, gr. in 8, fig., br.

220. Le Cannameliste français, conten. les descript., les usages, les choix et les principes de tout ce qui se pratique dans l'office, par le sieur Gilliers. *Nancy*, 1768, in-4, fig., v.

221. Festins joyeux, ou la cuisine en musique, en vers libres (par Lebas). *Paris*, 1738, in-12, bas.

222. Code gourmand, *Paris, Ambr. Dupont*, 1827, in-18, br. — Manuel des amphitryons (par Grimod de la Reynière). *Paris*, 1808, in-8, fig., bas. — Cours gastronomique, ou les diners de Manant-Ville, 2ᵉ édit. *Paris*, 1809. — Le Gastronome français, ou l'art de bien vivre. *Paris, Béchet*, 1828, in-8, fig., dem.-rel.

223. Journal des gourmands et des belles, ou l'Épicurien français, rédigé par Grimod de la Reynière. *Paris, Capelle*, 1806-13, in-18, fig., 16 vol., dem. rel., non rogn.

224. Les Classiques de la table, par Justin Améro. *Paris, Didot*, 1855, in-12, 2 vol., br.

MARINE. — ART MILITAIRE.

225. Dictionnaire de la marine anglaise et traduction des termes de la marine anglaise en français, par Romme. *Paris*, 1804, in-8, fig., dem. rel.

226. Dictionnaire pittoresque de marine, par J. Lecomte. *Paris*, 1835, in-4, dem. rel.

227. Tables comparatives des principales dimensions des bâtiments de guerre français et anglais de tous rangs, par Giquel des Touches. *Paris*, 1817, in-4, cart.

228. Traité du navire, de sa construction et de ses mouve-
     ments, par Bouguer. *Paris*, 1746, in-4, fig., v.

229. Éléments de l'architecture navale ou traité pratique de
     la construction des vaisseaux, par Duhamel du Monceau.
     Paris, 1752, in-4, fig., v. m.

230. Traité sur la construction des vaisseaux, par le comte
     du Maitz de Coimpy. *Paris*, 1776, in-4, v. m., fil., tr. dor.

231. Traité élémentaire de la construction des vaisseaux, par
     Vial du Clairbois. *Paris, s. d.*, in-4, fig., 2 vol., dem. rel.

232. L'art de la marine, ou principes et préceptes généraux
     de l'art de construire, d'armer, de manœuvrer, etc., des
     vaisseaux. *Paris*, 1787, in-4, fig., bas.

233. Traité élémentaire de la mâture des vaisseaux, par
     Forfait. *Paris*, 1788, in-4, fig., v. m.

234. Traité pratique du gréement des vaisseaux et autres
     bâtiments de mer, par l'Escalier. *Paris*, 1791, in-4, fig.,
     2 tomes en 1 vol., dem. rel.

235. Traité de la fabrique des manœuvres pour les vais-
     seaux, ou l'art de la corderie perfectionnée, par Duhamel
     du Monceau. *Paris*, 1747, in-4, fig., v., fil.

236. De la construction et de la manœuvre des vaisseaux et
     autres bâtiments, par Don G. Juan, trad. de l'espagnol
     par Lévêque. *Paris*, 1792, in-4, fig., 2 tomes en 1 vol., bas.

237. Naval architecture, by Marmaduke Stalkartt. *London*,
     1787, in-fol, v., fil.

238. The elements and practice of naval architecture. *Lon-
     don*, 1805, in-4, fig., cart., non rogn.

239. Treatise on the theory and practice of naval architec-
     ture, by Aug. Creuze. *Edinburgh*, 1841, in-4, cart.

240. Traité de navigation, par du Bourguet. *Paris*, 1808
     in-4, fig., br.

241. Cours élémentaire de tactique navale, par Audibert
     Ramatuelle. *Paris, Baudouin*, 1802, in-4, pl. (68), br.

242. L'Art militaire d'Onosender, trad. en français par de
     Vigenère. *Paris*, 1605, pet. in-4, fig., v.

243. L'Art de la guerre et la manière dont on la fait à présent (par L. de Gaya). *Paris*, 1679, in-12, fig., v. br.

244. Art de la guerre par principes et par règles, par le maréchal de Puységur. *Paris*, 1749, in-4, cartes, 2 vol., v. f. fil.

245. Mes rêveries, par Maurice Comte de Saxe, et une histoire abrégée de sa vie, par l'abbé Pérau. *Amst.*, 1757, in-4, fig., 2 vol., dem. rel.

246. Traité sur l'art des siéges et des machines des anciens, par Joly de Maizeroy. *Paris*, 1778, in-8, fig., bas.

247. L'Ingénieur en campagne, ou traité de la fortification passagère, par le chevalier de Clairac. *Paris*, 1757, in-4, fig., v. m.

BEAUX-ARTS.

PEINTURE, GRAVURE, SCULPTURE, ARCHITECTURE, MUSIQUE.

248. Dictionnaire des beaux-arts, par Millin. *Paris*, 1806, in-8, 3 vol., dem.-v. bl.

249. Histoire de l'art de l'antiquité, par Winkelmann, trad. de l'allemand, par Huber. *Leipsig*, 1781, in-4, fig., 3 vol., bas.

250. Bibliothèque des artistes et des amateurs, par l'abbé de Petity. *Paris*, 1766, in-4, fig., 3 vol., v. m.

251. Recueil de notices historiques lues dans les séances publiques de l'Académie des beaux-arts, par Quatremère de Quincy. *Paris*, *Adr. Leclere*, 1834, in-8, br.

252. Moyen universel de pratiquer la perspective sur les tableaux ou surfaces irrégulières, par A. Bosse. *Paris*, 1653, in-8, fig., n. rel.

253. La Perspective curieuse du R. P. Niceron. *Paris*, *J. Du Puis*, 1663, in-fol., fig., v. br.

254. Éléments de perspective pratique à l'usage des artistes, par Valenciennes. *Paris*, 1820, in-4, fig., br.

255. Divers habillements des anciens Grecs et Romains, par
Séb. Leclerc. *Paris, s. d.*, in-8, fig. (25), dem.-rel.

256. Recueil de 24 paysages, publ. par Aubert. Pet. in-4,
obl., dem.-rel.

257. Recueil de vues et fabriques pittoresques d'Italie, publ.
par Bourgeois. *Paris, s. d.*, 96 pl. in-fol., dem.-rel.

258. Nuova raccolta delle piu belle vedute di Roma. *Roma*,
1771, in-4 obl., fig. (49), cart.

259. Vues de la Russie. 36 pl., in-fol. max., dem.-rel.

260. La Colonne de la grande armée d'Austerlitz, ou de la
Victoire, gravée en taille douce, par Ambr. Tardieu. *Paris*,
s. d., in-4, pl. (40), cart.

261. Les Grisettes, leurs mœurs, leurs habitudes, leurs bonnes
qualités, leurs erreurs, etc., dessinés par H. Monnier.
Paris, Giraldon Bovinet, 1828, in-4, fig. color., cart.

262. Premières leçons sur une partie des sciences et des arts
libéraux, par Ransonnette. *Paris*, 1806, in-4, 96 fig., br.

263. Recueil de décorations intérieures, comprenant tout ce
qui a rapport à l'ameublement, composé par Percier et
Fontaine. *Paris, P. Didot*, 1812, in-fol., fig. (72), cart.

264. Recueil de draperies d'Hallavant, mis au jour et aug-
menté par Osmond et Dezon. *Paris, s. d.*, pet. in-4, 44 pl.,
dem.-rel.

265. Vies des fameux architectes, depuis la renaissance des
arts, par D*** (d'Argenville). *Paris*, 1787, in-8, 2 vol., bas.

266. Dictionnaire d'architecture civile, militaire et navale,
par Roland Le Virloys. *Paris*, 1770, in-4, fig., 3 vol., bas.

267. Traité élémentaire d'architecture, par Lucotte. *Paris*,
s. d., pet. in-4, fig. (36), br.

268. Histoire de la disposition et des formes différentes que
les chrétiens ont données à leurs temples, par Leroy. *Paris*,
1764, fig. — Construction d'un théâtre d'opéra à l'usage de
France, par Ch. de Chaumont, 1767, fig., in-8, v.

269. Règles des cinq ordres d'architecture de Vignole, par
Delagardette. *Paris*, 1786, fig. (68). — Leçons élémentaires

des ombres dans l'architecture. *Paris*, 1786, fig. in-4, (25), cart.

270. Plans et dessins tirés de la belle architecture, ou représentations d'édifices exécutés ou projetés en 115 planches, avec les explications, par Stieglitz. *Paris, Aug. Renouard*, 1801, gr. in-fol., cart.

271. Architecture civile, maisons de ville et de campagne, par Dubut. *Paris*, 1803, gr. in-fol., pl. (89), dem.-rel.

272. Projets d'architecture et autres productions de cet art, qui ont mérité les grands prix. *Paris, Détournelle*, 1806, gr. in-fol., 120 pl., dem.-rel.

273. Plans, coupes et élévations de diverses productions de l'art de la charpente, publ. par Krafft. *Paris, Levrault*, 1805, gr. in-fol., pl., dem.-rel.

274. Essai sur la musique ancienne et moderne, par De Laborde. *Paris*, 1780, in-4, 4 vol., fig., br.

275. Histoire de la musique, par Kalkbrenner. *Paris*, 1802, in-8, fig., 2 tom. en 1 vol., cart.

276. Traité de l'harmonie universelle où est contenue la mesure théorique et pratique des anciens et modernes, par le sieur de Sermes. *Paris*, 1627, in 8, mar. rouge, fil., tr. dor.

277. Principes élémentaires de musique pour servir à l'étude du Conservatoire, suivis de solféges, par Agus, Catel, Chérubini, etc. *Paris*, an VIII, in-4, 2 vol., br. en cart.

278. Mémoires ou essais sur la musique, par Grétry. *Paris*, an V, in-8, 3 vol., dem.-rel.

GYMNASTIQUE. — DANSE. — JEUX.

279. Les exercices du corps chez les anciens, par Sabathier. *Paris*, 1772, in-12, pap. fort, 2 vol., v. f.

280. Hier. Mercurialis de arte gymnastica libri sex, *Venetiis*, 1601, in-4, fig., parch.

281. Il perfetto cavaliere. *Milano*, 1825, in-4, 2 vol., dont atlas de 77 pl., noires ou color., br.

282. Dictionnaire de danse, par Compans. *Paris*, 1787, in-12, bas. — La danse ancienne et moderne, ou traité historique de la danse, par de Cahusac. *La Haye*, 1754, pet. in-12, 3 tomes en 1 vol., dem.-rel.

283. Lettres sur les arts imitateurs en général et sur la danse en particulier, par Noverre. *Paris*, *Léopold Collin*, 1807, in-8, 2 vol., dem.-rel.

284. La Danse et les ballets, par Castil-Blaze. *Paris*, *Paulin*, 1832, in-12, br.

285. Chorographie ou l'art de décrire la danse par caractères, figures et signes démonstratifs, par Feuillet. *Paris*, 1700, in-4, fig., dem.-rel.

286. Le Maître à danser, par le sieur Rameau. *Paris*, 1725, in-8, fig., v. br.

287. The art of dancing, by C. Blasis. *London*, 1830, in-8, fig., cart. — Notes upon dancing, by the same. *Ib.*, 1847, in-8, fig., cart.

288. Manière de se récréer avec le jeu de cartes nommées tarots, par Etteilla. *Amst.*, 1783-85, fig. — Philosophie des hautes sciences, par le même. *Amst.*, 1785, in-12, fig., 2 vol., v. m.

289. Les oracles divertissants, où l'on trouve la décision des questions les plus curieuses pour se réjouir dans les compagnies, avec un traité récréatif des couleurs, aux armoiries, aux livrées et aux faveurs, etc., par Wulson de la Colombière. *Paris*, *Aug. Courbé*, 1647, in-8, parch.

290. Les échecs, poëme en quatre chants, par Roman. *Paris*, *Leop. Collin*, 1807, in-18, br. — Le billard, poëme en cinq chants, par M. B***, suivi des règles du jeu. *Paris*, 1830, in-12, br.

291. Zauber-Bibliothek... La bibliothèque des sorciers, par
G. C. Horst. *Mayence*, 1821, in-8, fig., 4 tom., en 2 vol.,
dem. rel.

292. Le Comte de Gabalis, ou entretiens sur les sciences secrètes. *Metz*, an v, in-18, dem.-rel. — Traité sur la magie,
le sortilège, les possessions, obsessions et maléfices, par
Daugy. *Paris*, 1732, in-12, bas.

293. Des sciences occultes, ou essai sur la magie, les prodiges
et les miracles, par Eus. Salverte. *Paris*, 1829, in-8, 2 vol.,
br.

294. Essai sur la magie, les prodiges et les miracles chez les
anciens, par E. Salverte, *s. l. n. d.*, in-12, br. — Letters
on natural magic, by sir David Brewster. *London, J. Murray*,
1834, in-12, fig., cart.

295. Réalité de la magie et des apparitions, ou contre-poison
du Dictionnaire infernal. *Paris*, 1819, in-8, br.

296. Traité sur les apparitions des esprits, par dom Calmet.
Paris, 1751, in-12, 2 vol., v. f.

297. La clavicule, ou la science de Raymond Lulle, par le
sieur Jacob. *Paris, J. Rémy*, 1647, in-8, parch.

298. La magie blanche dévoilée par Decremps, avec supplé-
ment. 2 vol. — Testament, petites aventures et codicile de
Jérôme Sharp. 3 vol. *Paris*, 1789, ensemble 5 vol. in-8, fig.,
dem. rel.

299. Les vrayes centuries et prophéties de maistre Michel
Nostradamus. *Amst.*, 1668, pet. in-12, v. f. fil.

300. Éclaircissement des véritables quatrains de M° Michel
Nostradamus, *s. l.*, 1656, pet. in-12, dem. v.

301. Prophéties perpétuelles, très-anciennes et très-certai-
nes, de Th. Jos. Moult. *Lille, s. d.*, in-18, br. — La véri-
table prophétie du vénérable Holzhauser, *Paris*, 1815, in-12,

br. — Le magicien républicain, par Romme, 2ᵉ édit. *Paris*, s. d.—Oracles, apparition et révélation des événements qui accompagneront la révolution française, par le même, 2ᵉ édit. *Paris*, s. d., in-32, br.

302. Nouvelles considérations puisées dans la clairvoyance instinctive de l'homme sur les oracles, les sibylles et les prophètes, par Th. Bouys. *Paris*, an vi, in-8, br.

303. Traicté des chiffres, ou secrètes manières d'escrire, par Blaise de Vignère, Bourbonnois. *Paris*, 1587, in-4, parch.

304. Traité élémentaire de l'art d'écrire, par G. Montfort, *Paris, Basset*, s. d., in-f°, pl. (21), cart.

305. Traité complet des écritures françaises et étrangères, par Bourgoin et Ermeler. *Paris*, s. d., gr. in-f°, pl. (42), dem. rel.

LINGUISTIQUE. — LITTÉRATURE.

306. Le Mot et la chose, expliqués par les dérivés du latin, par Almérie de Bréhan. *Paris, Collin*, 1807, in-8, 4 tomes en 2 vol. br.

307. Nouveau dictionnaire de la langue française, par La-vaux, 2ᵉ édition. *Paris, Déterville*, 1828, in-4, 2 vol. br.

308. Dictionnaire de l'Académie française, 6ᵉ édition. *Paris, F. Didot*, 1835, in-4, 2 vol., dem.-rel.

309. Dictionnaire abrégé de l'Académie française, publié par Verger. *Paris, Pourrat fr.*, 1832, in-8, 2 vol. br.

310. Nouveau dictionnaire classique et complet de la langue française, par Désiré Chésurolles, 2ᵉ édition. *Paris, Cordier*, 1845, gr. in-8, 2 vol., br.

311. Dictionnaire des proverbes français, par De la Mesengère, 2ᵉ édition. *Paris, Treuttel*, 1821, in-8, bas.

312. Diccionario de la lingua castellana, por D. Nuñez de Taboada. *Paris, Seguin*, 1825, in-8, 2 vol. br.

313. L'Ane d'or d'Apulée, trad. avec le latin en regard, par A. Maury. *Paris, Bastien,* 1822. in-8, 2 vol., br.

314. L'Uranie du sieur de Montagathe où sous des noms empruntez se voyent plusieurs adventures amoureuses et guerrières. *Paris,* 1625, in-8, parch.

315. Amusements des eaux de Spa. *Londres (Cazin),* 1782, in-18, 3 vol., v. f., fil.

316. Amusements des eaux de Spa et d'Aix-la-Chapelle. *Amsterdam, P. Mortier,* 1735, in-12, fig., 5 vol., v. f. (*Armoiries.*) — Amusements des eaux de Schwalbach. *Liége,* 1738, in-12, fig., v.

317 Apologie pour Hérodote, ou traité de la conformité des merveilles anciennes avec les modernes, par H. Estienne, avec des remarques, par le Duchat. *La Haye,* 1735, in-12, 2 tomes en 3 vol., br.

318. Éloge de la folie, trad. du latin d'Erasme, par de la Veaux. *Basle,* 1780, in-8, fig., v. rac., fil.

319. L'Art de p...., essai théori-physique et méthodique. En *Westphalie,* chez *Florent Q.,* 1751. — La Chézonomie, ou l'art de ch...., poëme didactique, par Ch. R*** (Remard). A *Scôropolis,* 1806, in-12, v. fil. tr. dor.

320. Iliade d'Homère, trad. par E. Bareste, illustrée par Titeux et A. de Lemud. *Paris, Lavigne,* 1843, grand in-8, br.

321. Nic. Borbonii poemata. *Paris,* 1630, in-12, parch. — Lusus poetici allegorici, auct. P. J. Sautel. *Paris, Barbou,* 1754. — Gabr. Madeleniti carmina. *Ib.,* 1753, in-12, v. mar.

322. L'Amant rendu cordelier a l'observance d'amours, par Martial de Paris dit d'Auvergne. *S. l. n. d.,* in-12, v. m.

323. Divers jeux rustiques, et autres œuvres poétiques de Joach. du Bellay, Angevin. *Paris, Fr. Morel,* 1558, petit in-4, br. rogn. (*Mouillures*).

324. La Guirlande de Julie, pour mademoiselle de Rambouillet, depuis duchesse de Montausier. *S. l.,* 1729, in-12, cart.

325. Recueil d'énigmes et de quelques logogriphes, par
l'abbé Berthelin. *Paris*, 1746. — Magasin énigmatique,
1767. — Nouveau recueil d'énigmes 1776, in-12, 3 vol. v.

326. Manuel des oisifs, contenant sept cents folies, ou cha-
rades, par le doyen des sages. *Paris*, 1786, in-8, 2 vol. br.

327. Le Chansonnier des grâces pour les années 1818 à
1822, 1828 à 1833, 1835, 1841 et 1842, in-18, fig., 14 volumes. br.

328. Os Lusiadas, poema epico de Luis de Camões, publ. por
Dom J. M. de Souza-Botelho. *Paris, Aillaud*, 1836, in-8,
portrait, br.

329. Anecdotes dramatiques, par De la Porte, etc., *Paris*,
1775, in-12, 3 vol., v. m.

330. L'Esprit du grand Corneille, suivi des chefs d'œuvre de
Th. Corneille, publ. par le comte François de Neufchâteau.
Paris, P. Didot aîné, 1819, in-8, pap. fin, 2 vol., br.

331. Œuvres complètes d'Alexandre Duval. *Paris, Barba*,
1826, in 8, port., 9 vol., br.

332. Lettres inédites de madame de Maintenon et de la prin-
cesse des Ursins. *Paris*, 1826, in-8, 4 vol., br.

333. Cytheride, histoire galante, trad. du grec. *Impr. à Pa-
phos*, 1743. — Vénus physique. *S. l.*, 1745. — Le Cornet
magique, ou les étrennes enchantées. *La Haye*, 1759. —
La Berlue. *Londres*, 1759. — L'Art de nager, par Thevenot,
fig. (46), in-12, v.

HISTOIRE.

GÉOGRAPHIE. — VOYAGES. — ARCHÉOLOGIE.

333 *bis*. Dictionnaire géographique universel, par une Société
de géographes. *Paris, Kilian*, 1823, in-8, 10 vol., dem.-rel.

334. Journal des voyages, découvertes et navigations modernes, ou archives géographiques du xixᵉ siècle. *Paris*,
1829, in-8, fig., 44 vol., cart.

335. Voyage de la corvette *l'Astrolabe*, par Dumont d'Urville. *Paris, Tastu*, 1830-33, in-8, 17 part., cart. et atlas, gr. in-fol., dem.-rel.

Histoire du voyage, t. I à V, 1re part. — Zoologie, t. I à IV, (la première partie du t. III manque.) — Botanique, 1 vol.

336. Éphémérides politiques, littéraires et religieuses, par Noël. *Paris*, 1803, in-8, 12 tom. en 6 vol., v. éc., fil.

337. Art de vérifier les dates des faits historiques, publ. par de Saint-Allais. *Paris*, 1820, in-fol., br.

338. Costumes civils actuels de tous les peuples connus, rédigés par Sylvain Maréchal, 2e édit. *Paris, Déterville*, s. d., gr. in-8, fig. color., tom. 1, 2 et 4, bas. fil.

339. L'Esprit des usages et des coutumes des différents peuples, par Démeunier. *Londres*, 1776, in-8, 3 vol., v. m. — Cérémonies funèbres de toutes les nations, par le sieur Muret. *Paris*, 1679, pet. in-8, parch.

340. Des décorations funèbres, par le P. Ménestrier. *Paris*, 1684, in-8, v., br. (*Mouillures*).

341. Funerali antichi di diversi populi e nationi, da T. Porcacchi. *Venetia*, 1574, pet. fol., fig., v.

342. Rapport sur les sépultures, par Cambry. *Paris, P. Didot*, an VII, in-4, pap. vél., fig., cart. — Les tombeaux, ou essai sur les sépultures, par Giraud. *Paris*, 1801, in-4, fig., dem.-rel.

343. Introduction à l'étude de l'archéologie, des pierres gravées et des médailles, par Millin, édit. revue, par de Roquefort. *Paris*, 1826, in-8, dem. v.

344. Description des principales pierres gravées du cabinet du duc d'Orléans, publ. par l'abbé De Lachau et Le Blond. *Paris*, 1780, in-fol., fig., 2 vol., dem.-rel., non rognés.

345. Histoire des médailles, ou introduction à la connaissance de cette science, par Ch. Patin. *Paris*, 1695, in-12, fig., v. — Leçons élémentaires de numismatique romaine. *Paris*, 1823, in-8, br.

346. Numismata romanorum pontificum præstantiora, a Martino V ad Benedictum XIV, per Rod. Venuti. *Romæ*, 1744, in-4, fig., v. m.

347. Numismatique de la Gaule narbonnaise, par de la Saussaye. *Blois*, 1842, in-4, fig. (23), br.

348. Histoire du Bas-Empire, par Lebeau, publ. par de Saint-Martin. *Paris*, *F. Didot*, 1824, in-8, t. I à X, br.

HISTOIRE DE FRANCE.

349. Les Crimes des rois de France, par Lavicomterie. *Paris*, an II, in-8, fig., dem-rel.

350 Chroniques étrangères relatives aux expéditions françaises, pendant le XIIIᵉ siècle, publ. par Buchon. *Paris*, *Mairet*, 1841, gr. in-8, br.

351. Tableau des mœurs françaises aux temps de la chevalerie. *Paris*, 1825, in-8, 4 vol. br.

352. Vie de Louis de Berton de Crillon des Balbes, surnommé le brave Crillon. *Paris*, *F. Didot*, 1825, in-8, portr., 3 vol., broch.

353. Mémoires et correspondance de Duplessis-Mornay. *Paris*, *Treuttel*, 1824, in-8, 12 vol., br.

354. Histoire du cardinal Mazarin, par Aubery. *Amst.*, 1751, in-12, 4 vol., v. m.

355. Vie privée du maréchal de Richelieu. *Paris*, 1791, in-8, 3 vol., bas.

356. Révolutions de Paris, publ. par Prudhomme. *Paris*, 1789, in-8, fig., 35 vol., dem.-rel. (*Complet*).

357. Histoire générale et impartiale des erreurs, des fautes et des crimes commis pendant la révolution française, par Prudhomme. *Paris*, 1797, in-8, fig., tom. I et II, bas.

358. Almanach des bizarreries humaines, ou recueil d'anecdotes sur la révolution, par Bailleul. *Paris*, 1796, in-48, dem.-rel.

359. Drapeaux de la garde nationale de Paris, 60 bataillons.
1789, in-4, fig. color., bas.

360. Cérémonial de l'Empire français, par L.J. P***. *Paris*,
1805, in-8, portr. color., br.

361. Dictionnaire des girouettes. *Paris*, 1815, in-8, fig.,
color., br. — Petit dictionnaire de nos grandes girouettes
Paris, 1842, in-12, br.

362. Le Livre noir de MM. Delaveau et Franchet, ou réper-
toire alphab. de la police politique sous le ministère déplo-
rable. *Paris*, 1829, in-8, 4 vol., cart.

363. Dictionnaire universel, géographique et historique de la
France. *Paris, Baudouin*, 1804, in-4, 5 vol., cart.

364. Histoire des communes et des villes de France, par
Girault de Saint-Fargeau, 2ᵉ édit. *Paris*, 1846, in-4, fig.,
3 vol., br. (*Mouillures*).

365. France pittoresque, par Hugo. *Paris, Delloye*, 1835,
gr. in-8, fig. et cartes, 3 vol., dem.-rel.

366. Plan topographique et raisonné de Paris, par les sieurs
Pasquier et Denis. *Paris*, 1771, in-8, cartes, v. m., fil.

367. Plan de Paris, dit de Turgot, publ. par Bretez. Gr. in-
fol., v. m.

368. Dictionnaire historique de la ville de Paris et de ses envi-
rons, par Hurtaut. *Paris*, 1779, in-8, 4 vol., bas.

369. Histoire de la ville de Paris, par Félibien et D. Lobineau.
Paris, 1725, in-fol., 5 vol., v. br.

370. Nouvelle description de la ville de Paris, par Germ.
Brice, 8ᵉ édit. *Paris*, 1725, in-12, fig., 4 vol., v. br.

371. Projet d'une histoire de la ville de Paris, sur un plan
nouveau. *Harlem*, 1739, in-12, v. m.

372. Description historique de la ville de Paris et de ses envi-
rons, par Piganiol de la Force. *Paris*, 1765, in-12, fig. et
cart., 10 vol., v.

373. Nouvelles annales de Paris, par Toussaints du Plessis.
Paris, 1753, in-4, bas.

374. Mémoire historique et critique sur la topographie de
Paris. *Paris, Lottin,* 1771, in-4, v., m.

375. Guide des amateurs et des étrangers voyageurs à Paris,
par Thiéry. *Paris,* 1787, in-12, fig., 2 vol., v. m.
Vues perspectives des principaux monuments.

376. Miroir historique, politique et critique de l'ancien et du
nouveau Paris et du département de la Seine, 3ᵉ édit., par
Prudhomme. *Paris,* 1807, in-18, fig., 6 vol., br.

377. Description de Paris et de ses édifices, par Landon.
Paris, 1806, in-8, fig., 2 vol., cart., non rogn.

378. Dictionnaire historique de Paris, par Béraud et Dufey.
Paris, 1825, in-8, fig. et cart., 2 vol., dem.-rel.

379. Paris ancien et moderne, par de Marlès. *Paris,* 1837,
in-4, 3 tom. en 1 vol., et atlas, dem. v. f.

380. Essai d'une histoire de la paroisse de Saint-Jacques de
la Boucherie, par l'abbé Vilain. *Paris,* 1758, in-12, fig., br.

381. Tableau de Paris, par Mercier, *Amst.,* 1783-88, in-8,
12 tom. en 8 vol., dem.-rel.

382. La police dévoilée, par Froment. *Paris,* 1829, in-8,
3 vol., cart., non rogn.

383. Fontainebleau. Études pittoresques et historiques sur ce
château, par Castellan. *Paris, Gaillot, s. d.,* gr. in-8,
fig. (85), dem.-chagr.

384. Promenade ou itinéraire des jardins d'Ermenonville.
Paris, Mérigot, 1788, gr. in-8, fig., dem.-rel.

385. La Prise du château de Richecourt, faicte par Mons. le
duc de Guise, le 5 de mars. Ensemble un bref narré de ce
qui s'est passé en Picardie et en Champagne. *Paris, Ant. de
Bruel,* 1617, pet. in-8, 15 pag., dem.-rel.

386. Mémoires historiques et critiques pour l'histoire de
Troyes, par Grosley. *Paris,* 1774, in-8, fig., tom. 1ᵉʳ, bas.

387. Coutume du bailliage de Troyes, avec les Commentaires
de Mᵉ Louis Legrand, 4ᵉ édit. *Paris,* 1737, in-fol., v. m.

388. Mémoires de la Commission des antiquités de la Côte-
d'Or. *Dijon,* 1838, in-4, fig. (22) br.

389. Essai sur l'histoire municipale de la ville de Sisteron,
par de Laplane. *Paris*, 1840, in-8, br.

390. Notes historiques sur les hôpitaux et établissements de
charité de la ville de Douai, par Brassart. *Douai*, 1842,
in-8, br.

HISTOIRE ÉTRANGÈRE.

391. Histoire des Provinces-Unies des Pays-Bas, par Leclerc,
Amst., 1728, in-f°, fig., 4 vol., v. f.

392. Révolutions des Provinces-Unies sous l'étendard des divers Stadhouders, suivies des anecdotes modernes. *Nimè-
gue*, 1788, in-8, 3 vol., br.

393. Th. Dempsteri de Etruria regali libri vii. *Florentiæ*,
1723, in-4, fig., 2 vol., cart., non rogn.

394. Voyages dans les catacombes de Rome, par Artaud,
Paris, Schœll, 1810. — Mémoire sur la ville souterraine
découverte au pied du mont Vésuve. *Paris*, 1748, in-8, fig.,
bas.

395. Histoire de la guerre de trente ans, par Schiller, et de la
paix de Westphalie, par de Woltmann, trad. de l'allem.
par Mailher. *Paris, Lenormant*, 1820, in-8, 2 vol., br.

396. Mémoires secrets sur la Russie, et particulièrement sur
la fin du règne de Catherine II et sur celui de Paul Ier, par
Masson. *Paris*, 1804, in-8, portr., 4 tomes en 2 vol., cart.

397. Histoire de Catherine II, impératrice de Russie, par Cas-
téra. *Paris*, an viii, in-8, fig. et cartes, 3 vol., bas. fil.

398. Bibliothèque orientale, par d'Herbelot. *Maestricht*,
1776, in-f°, v. f.

399. La même. *Paris*, 1781, in-8, 6 vol., bas.

400. Histoire de la régénération de la Grèce, par Pouqueville.
Paris, F. Didot, 1824, in-8, fig. et cartes, 4 vol., dem.-rel.

401. Mémoires concernant l'histoire, les sciences, les arts,

les mœurs et usages des Chinois. *Paris*, 1776-89, in-4, fig., tom. I à XI. v. m., XIII et XIV, cart.

402. Mœurs, usages, costumes, arts et métiers, etc., de la Chine, par MM. Devéria, Regnier et autres, avec des notices explicatives par de Malpière. *Paris, F. Didot*, 1825, in-4, fig. color., 16 livr.

403. Essais sur l'architecture des Chinois, sur leurs jardins, leurs principes de médecine et leurs mœurs et usages. *Paris*, 1803, in-8, dem.-rel.

404. Description géographique, historique et commerciale de Java et des autres îles de l'Archipel Indien. *Bruxelles*, 1824, in-4, fig., br.

405. L'Algérie pittoresque, ou histoire de la régence d'Alger, par Clauzolles, illustrée par Jacobs. *Paris*, 1843, gr. in-8, br.

406. Le Sahara Algérien, études géogr., statist. et historiq. sur la région au sud des établissements français en Algérie, publié par le colon. Daumas. *Paris, Langlois et Leclerq*, 1845, in-8, fig., dem-.rel.

407. Histoire de l'isle espagnole ou de Saint-Domingue, par le P. Charlevoix. *Paris*, 1731, in-4, cartes, 2 vol., v. br.

408. La même. *Amst.* 1733, in-12, fig., 4 tom en 2 vol., vél.

409. Description topographique et politique de la partie espagnole de l'isle Saint-Domingue, par Moreau de Saint-Méry. *Philadelphie*, 1796, in-8, carte, 2 vol., dem.-rel.

410. Description topographique, physique, civile, politique, etc., de la partie française de l'isle de Saint-Domingue, par Moreau de Saint-Méry. *Philadelphie*, 1797, in-4, cartes, 2 vol., bas.

411. Voyages à Saint-Domingue pendant les années 1788, 1789 et 1790, par le baron Wimpfen. *Paris*, 1797, in-8, 2 tomes en 1 vol., cart.

412. Soirées bermudiennes, ou entretiens sur les événemens qui ont opéré la ruine de la partie française de l'isle Saint-Domingue. *Bordeaux*, 1802, in-8, bas.

423. Armorial général de la France, par d'Hozier. 1er registre. 11
    Paris, 1821, in-4, blas., 2 vol., cart.

424. Description des ordres de chevalerie, croix de mérite et 19
    autres marques de distinction en usage chez toutes les
    maisons souveraines et autres gouvernements, par de
    Gelbke. *Berlin*, 1832, gr. in-f°, obl., 20 pl. color.

425. The peerage of England, by A. Collins. *London*, 1768, 5.2
    in-8, blasons, tom. II à VII.

BIBLIOGRAPHIE. — HISTOIRE LITTÉRAIRE.

426. Manoscritti italiani della regia bibliotheca parigina, des- 3.5
    critti dal Dott. Ant. Marsand. *Parigi*, 1838, in-4°, tom. II,
    br.

427. Code de la librairie et imprimerie de Paris. *Paris*, 1744,
    in-12, v. m. — Code des imprimeurs, libraires, écrivains
    et artistes, par Pio. *Paris*, *Corby*, 1826, in-8, 2 vol., bas.
    fil.

428. Vie d'Étienne Dolet, par Née de la Rochelle. *Paris*, 1779, 2
    in-8, br.

429. De la librairie française, son passé, son présent, son
    avenir, par Ed. Werdet. *Paris*, *Dentu*, 1860, in-12, bas.

430. De la propriété littéraire, ou les contrefacteurs et les pla-
    giaires démasqués, par Prudhomme. *Paris*, 1814, in-8, br.

431. Nouvelle bibliothèque d'un homme de goût, par Bar- 2
    bier et Desessarts. *Paris*, *A. Bertrand*, 1817, in-8, 5 vol.,
    dem. v.

432. Bibliographie instructive, ou traité de la connaissance 10
    des livres, par de Bure. *Paris*, 1765-68, 7 vol. — Cata-
    logue Gaignat, 1769, 2 vol. — Table, 1 vol.; ensemble,
    10 vol. in-8, v. m.

433. Dictionnaire bibliographique historique et critique des
    livres rares. *Paris*, *Cailleau*, 1791, in-8, 4 vol., cart.

434. Nouveau dictionnaire portatif de bibliographie, 2e édit.,
    par Fournier. *Paris*, 1809, in-8, tiré in-4, cart.